AF355734

REVUE TRIMESTRIELLE

DE

DROIT CIVIL

COMITÉ DE DIRECTION :

A. ESMEIN
Membre de l'Institut,
Professeur à la Faculté de droit
de l'Université de Paris ;

R. SALEILLES
Professeur à la Faculté de droit
de l'Université de Paris ;

CH. MASSIGLI
Professeur à la Faculté de droit
de l'Université de Paris ;

ALBERT WAHL
Professeur à la Faculté de droit
de l'Université de Paris,
Doyen honoraire de la Faculté de droit
de l'Université de Lille.

ABONNEMENT ANNUEL :

France, **20** francs ; Étranger, **22** francs.
Prix du N° *franco*, **6** francs.

EXTRAIT

DU LIEN EXISTANT
APRÈS LA CLOTURE D'UN ORDRE
*entre le droit d'un créancier colloqué envers l'acquéreur
et son droit envers le débiteur primitif*
Par M. Georges DEREUX
Docteur en droit (sc. juridiques et sc. économiques),
Juge au tribunal civil de Nogent-le-Rotrou

LIBRAIRIE
DE LA SOCIÉTÉ DU
RECUEIL SIREY
22, rue Soufflot, PARIS, 5e arrdt
L. LAROSE & L. TENIN, Directeurs

1912

APRÈS LA CLOTURE D'UN ORDRE

entre le droit d'un créancier colloqué envers l'acquéreur
et son droit envers le débiteur primitif.

Par M. Georges Dereux,

Docteur en droit (sc. juridiques et sc. économiques),
Juge au tribunal civil de Nogent-le-Rotrou.

Lorsqu'un ordre, ouvert entre les créanciers inscrits sur
le prix d'un immeuble, a été définitivement réglé, et que les
créanciers arrivant en rang utile ont reçu les bordereaux
de collocation, leur permettant de se faire payer par l'acquéreur (1), cette délivrance des bordereaux, d'après une doctrine et une jurisprudence unanimes, n'opère pas novation
des créances colloquées à l'ordre.

En d'autres termes, les créances qui ont donné lieu à des
collocations définitives continuent à exister en même temps
que celles auxquelles elles ont donné naissance contre
l'acquéreur. Le bordereau de collocation n'est qu'une « indication de paiement » (2) de la créance primitive, et par

---

(1) Dans la présente étude, nous employons le mot « acquéreur » dans
son sens le plus large, les théories que nous allons discuter s'appliquant
également, qu'il y ait eu adjudication ou n'importe quel autre mode d'acquisition.

(2) V. par exemple *Répertoire Fuzier-Herman*, v° *Ordre*, n° 1626. « La
délivrance des bordereaux de collocation ne constitue ni un paiement, ni
une novation. Les créances des porteurs restent intactes. La collocation
n'emporte ni novation ni délégation parfaite au profit de chaque créancier,

conséquent la laisse subsister; seulement il lui superpose, pour ainsi dire, une nouvelle créance, celle contre l'acquéreur.

Mais à partir du moment où la créance primitive et celle contre l'acquéreur coexistent, il y a incontestablement un certain lien entre l'une et l'autre. Si le créancier reçoit son paiement du débiteur primitif, ou si, ce qui est plus fréquent dans la pratique, il se trouve payé sur le prix d'un autre immeuble ayant appartenu au même débiteur, il ne paraît pas douteux que son droit contre l'acquéreur est par là même éteint. Et inversement, quand le créancier a reçu le paiement du bordereau de collocation, sa créance contre le débiteur primitif se trouve éteinte jusqu'à concurrence de tout ce qu'a payé l'acquéreur.

S'il en est ainsi, quel est donc le lien juridique existant entre ces deux créances? Dans quelle mesure et dans quels cas l'extinction de l'une par un mode autre que le paiement entraînera-t-elle l'extinction de l'autre? C'est ce que nous allons rechercher dans la présente étude.

I

Au premier abord, cette expression « indication de paiement », que nous avons tout à l'heure signalée dans la jurisprudence, fait penser à l'article 1277, alinéa 1 du Code civil : « La simple indication, faite par le débiteur, d'une personne qui doit payer à sa place, n'opère point novation ». C'est à ce texte, semble-t-il, que la jurisprudence fait allusion en notre matière. Mais la réflexion montre qu'on ne saurait rien tirer de là pour la solution de notre problème. Le texte que nous venons de citer, tel qu'on l'interprète communément (1), présuppose un simple mandat

---

ni libération du débiteur ; c'est seulement une indication de paiement, laissant subsister la dette avec toutes ses garanties ». — *Adde*, Garsonnet et Cézar-Bru, § 1893 *bis*, p. 489. — Cass. 25 févr. 1839, S. 39. 1. 297; — Limoges, 25 janv. 1878, S. 80. 2. 208; — Orléans, 5 mars 1887, S. 88. 2. 189, D. 87. 2. 195.

(1) V. Baudry-Lacantinerie et Barde, *Des obligations*, t. III, n° 1754 (éd. 1905).

donné à un tiers de payer une dette et l'indication du mandataire donnée par le débiteur au créancier. Or il est incontestable et incontesté que l'acquéreur, débiteur des bordereaux de collocation, ne paie pas à titre de mandataire. Un mandat serait essentiellement révocable par le mandant, tandis que les collocations définitives ne peuvent être révoquées, ni par le juge-commissaire de l'ordre, ni par le débiteur primitif. L'acquéreur est définitivement et personnellement débiteur de leur montant. En disant que le bordereau n'est qu'une « indication de paiement », la jurisprudence entend simplement émettre cette proposition, toute négative, qu'il n'opère pas novation.

II

Si ce n'est pas l'article 1277 du Code civil qui doit servir à résoudre notre problème, il semble assez naturel de se retourner vers un texte fort voisin, l'article 1275 : « La délégation par laquelle un débiteur donne au créancier un autre débiteur qui s'oblige envers le créancier n'opère point de novation... ». Cette délégation, connue dans la doctrine sous le nom de *délégation imparfaite*, a pour résultat de faire coexister deux créances : celle qu'a le délégataire contre le débiteur déléguant, et celle qu'il a contre le débiteur délégué; le paiement de l'une éteint l'autre. Nous avons donc bien là un ensemble de rapports juridiques semblables à ceux que nous avons constatés entre le créancier colloqué à l'ordre, le débiteur primitif, et l'acquéreur. Quant aux divers consentements nécessaires pour la validité de la délégation imparfaite, ne peut-on pas dire qu'ils existent dans le cas que nous étudions présentement ? Le débiteur qui constitue une hypothèque sur son fonds, délègue éventuellement l'acquéreur, débiteur du prix, à son créancier hypothécaire. L'acquéreur, soit qu'il fasse des notifications à fin de purge après une aliénation volontaire à son profit, soit qu'il ait été adjudicataire sur saisie, s'est obligé, du moins jusqu'à concurrence du prix de l'immeuble, à payer les créanciers du vendeur; enfin le créancier colloqué, en produisant à l'ordre, a accepté éventuellement le paiement de l'acquéreur. C'est donc la théorie de la délégation imparfaite, semble-t-il, qui doit servir à résoudre le problème que nous nous sommes proposé.

A notre avis toutefois, ce n'est là qu'une apparence. D'abord, au point de vue théorique, il se peut que l'acquéreur, débiteur du bordereau de collocation, ne soit pas l'ayant cause direct du débiteur primitif, mais que le fonds ait passé entre plusieurs mains avant d'être purgé de ses hypothèques. Pourra-t-on dire, en pareil cas, que le débiteur primitif avait délégué éventuellement cet acquéreur qui n'aura jamais été en rapport direct avec lui, envers qui il n'aura eu aucun droit, et qu'il n'aura peut-être jamais connu?

Cette première objection à la théorie de la délégation imparfaite appliquée en notre matière ne suffirait pas absolument à nous arrêter, et nous admettrons fort bien que, faute de trouver des règles relatives à notre cas, on se servît par analogie de textes visant la délégation imparfaite. Seulement où trouver de pareils textes? En dehors de celui que nous avons cité, nous n'en voyons pas. Quand la dette du déléguant s'éteint par compensation, ou par confusion, ou par remise de dette, celle du délégué continue-t-elle à subsister? Et si c'est la dette du délégué qui s'éteint par un de ces modes, celle du déléguant a-t-elle le même sort? Le Code ne nous le dit pas. Or pour qu'on puisse appliquer des textes par analogie, encore faut-il d'abord qu'ils existent. Vouloir résoudre le problème qui fait l'objet de la présente étude à l'aide de la théorie, à peine ébauchée dans la loi, de la délégation imparfaite, ce serait prétendre éclaircir une question obscure en la rapprochant d'une autre plus obscure encore. Mauvais moyen de faire la lumière.

En présence du mutisme de la loi sur notre problème, nous devons chercher d'autres questions semblables à la nôtre, mais que le législateur ait expressément résolues. Alors seulement l'analogie nous fournira une méthode féconde; alors seulement nous pourrons trouver une réponse qui soit vraiment une réponse, et non pas seulement une nouvelle question.

III

Nous avons entendu soutenir un autre système beaucoup plus satisfaisant à cet égard, et que paraît avoir admis implicitement la Cour de Lyon dans un arrêt du 11 avr. 1900 (1). Ce système consiste à dire qu'il y aurait lieu d'appliquer en notre matière les règles de la solidarité. Non certes que le débiteur primitif et l'acquéreur soient à proprement parler des codébiteurs solidaires (en l'absence de toute loi particulière et de tout contrat, l'art. 1202, C. civ. empêche qu'on les considère *stricto sensu* comme tels); mais il n'en reste pas moins que le créancier peut demander son paiement indifféremment à l'un ou à l'autre; qu'aucun des deux ne peut lui opposer le bénéfice de discussion; qu'on est par conséquent dans une situation tout à fait analogue à celle qui existe au cas de dettes solidaires, et qu'il est naturel, dès lors, d'appliquer par analogie les règles relatives à ce cas, du moins sur tous les points où la loi ne formule pas de règle contraire.

Parmi les conséquences pratiques de ce système, nous n'indiquerons pas celles qui n'offrent qu'un intérêt secondaire, ou dépendent du parti que l'on prend sur les controverses relatives aux effets de la solidarité. Mais nous allons passer en revue les conséquences importantes du système, qui se rattachent à des effets de la solidarité expressément indiqués dans la loi, et, comme tels, indiscutables.

En premier lieu, si l'une des deux dettes est éteinte par une novation, l'autre s'éteint par là même également (application par analogie de l'art. 1281, al. 1, C. civ.).

En second lieu, la remise conventionnelle de l'une des deux dettes éteint l'autre, à moins que le créancier n'ait expressément réservé ses droits relativement à cette dernière (application par analogie de l'art. 1285, al. 1, C. civ.).

En troisième lieu, si l'une des deux dettes est éteinte par compensation, le paiement de l'autre n'en demeure pas

______

(1) Nous citerons *infrà* les principaux considérants de cet arrêt.

moins exigible (application par analogie de l'art. 1294, al. 3, C. civ.).

En quatrième lieu, si l'on suppose que le créancier colloqué succède au débiteur primitif, l'acquéreur ne pourra invoquer la confusion qui s'opérera alors, pour refuser le paiement du bordereau de collocation ; et il en sera de même inversement, si c'est le débiteur primitif qui succède au créancier colloqué. Ces solutions reposent sur l'application par analogie des articles 1209 et 1301, alinéa 3 , du Code civil. En effet il n'y a pas de portion de la dette de l'acquéreur dont le débiteur primitif soit tenu ; il n'est obligé qu'au paiement de sa dette personnelle et non au paiement du bordereau de collocation et si, grâce à quelque aubaine imprévue, il se trouvait en état de désintéresser ses créanciers, il aurait ensuite un recours contre l'acquéreur pour le montant des bordereaux que ce dernier n'aurait plus à payer. Or, d'après les textes précités, « lorsqu'un des débiteurs devient héritier unique du créancier, ou lorsque le créancier devient l'unique héritier de l'un des débiteurs, la confusion n'éteint la créance solidaire que *pour la part et portion* du débiteur ou du créancier » (art. 1209). Puisque la part du débiteur primitif dans la dette de l'acquéreur est nulle, l'acquéreur ne peut se prévaloir de la confusion opérée entre les personnes du créancier colloqué et du débiteur primitif [1].

L'application des textes précités conduirait à une solution inverse si le créancier colloqué succédait à l'acquéreur, ou l'acquéreur au créancier colloqué. En effet l'acquéreur est bien tenu, à l'égard des créanciers inscrits sur l'immeuble, de la dette même du vendeur, du moins jusqu'à concurrence du prix de vente ; si l'acquéreur paie les créanciers colloqués, il n'a aucun recours contre le débiteur primitif dont il éteint la dette. Puisqu'il est tenu de supporter pour le tout le paiement dont s'agit, la confusion qui s'opère en sa personne éteint la dette pour le tout.

En cinquième lieu, si nous continuons à appliquer les

---

[1] V. en ce sens, Lyon, 11 avr. 1900, *Monit. judiciaire de Lyon*, 21 juin 1900.

principes de la solidarité en notre matière, nous dirons que les poursuites exercées contre le débiteur primitif interrompent la prescription même à l'égard de l'acquéreur, et inversement (application par analogie de l'art. 1206, C. civ.).

En sixième lieu, si la dette primitive est annulée, la dette de l'adjudicataire n'en subsistera pas moins, et inversement. Peut-être sera-t-on tenté d'objecter que la première hypothèse ne se réalisera jamais parce que la validité d'une dette ayant donné lieu à une collocation définitive se trouve ainsi affirmée par un règlement ayant l'autorité de la chose jugée. Nous répondrons que la dette primitive a pu être affectée d'un vice du consentement qui n'a cessé d'exister qu'après le règlement définitif. Exemple : Primus achète un tableau, qu'il croit être un Rembrandt, pour un prix de 100.000 francs, et, ne pouvant payer immédiatement, il consent à son vendeur une hypothèque. Or, après le règlement définitif de l'ordre ouvert sur le prix de l'immeuble hypothéqué, Primus apprend que son tableau n'est qu'un faux Rembrandt et ne vaut que 500 francs. Il est clair que le règlement définitif n'a nullement affirmé, même implicitement, la validité d'une pareille obligation, dont le vice était encore ignoré et du juge-commissaire et de toutes les parties en cause (y compris même, peut-être, le vendeur); d'autre part, ce fait que le débiteur distribué n'a pas contesté le règlement provisoire ne saurait être considéré comme une ratification tacite d'une obligation dont il ignorait la nullité; on ne peut ratifier une obligation sans savoir d'abord que sa validité est contestable et pourquoi (cf. art. 1338, al. 1 et 1304, al. 2, C. civ.). Il n'y a donc aucune impossibilité à ce qu'une créance colloquée dans le règlement définitif soit ensuite annulée; et si, à ce moment, la créance contre l'adjudicataire n'a pas encore été payée, il importe de savoir si l'on devra admettre qu'il y avait entre ces deux créances une sorte de solidarité. Ainsi que nous l'avons vu, l'affirmative conduirait à dire que l'annulation de l'une des deux n'empêche aucunement l'autre de subsister.

Telles sont les principales conséquences de la théorie de la solidarité appliquée à notre matière. Nous allons maintenant exposer une théorie qui nous semble préférable, et qui, on va le voir, conduit à des résultats pratiques différents.

IV

Selon nous, ce n'est pas la théorie de la solidarité, mais celle du cautionnement qui, en notre matière, doit être appliquée.

Dans ce système comme dans le précédent, remarquons-le bien, il ne peut être question que d'une analogie. L'article 2015 du Code civil pose en effet à propos du cautionnement un principe semblable à celui que pose l'article 1202 à propos de la solidarité : « Le cautionnement ne se présume point; il doit être exprès ». Il n'en reste pas moins que sur les points où la loi a omis de préciser quel lien existe entre la dette primitive colloquée dans un règlement d'ordre et celle de l'acquéreur, nous croyons que l'on doit chercher par analogie dans la théorie du cautionnement un principe directeur, que l'on se conformera ainsi à l'esprit du Code civil en ces matières, et que l'on aboutira à des solutions pratiques bien préférables à celles de tout à l'heure.

Il faudra seulement, bien entendu, tenir compte de ce que l'acquéreur est, dans tous les cas, débiteur de son prix : si, pour un motif quelconque, il est dispensé d'en payer tout ou partie aux créanciers du vendeur, il lui faudra verser entre les mains du vendeur lui-même toute la portion du prix qui sera ainsi devenue disponible. En d'autres termes, nous estimons qu'il y a lieu, en principe, de traiter l'acquéreur débiteur du bordereau comme *une caution qui se serait engagée à payer au débiteur principal tout ce qu'elle n'aura pas payé au créancier commun.*

Nous allons chercher à justifier l'analogie que nous croyons voir entre l'acquéreur débiteur du bordereau de collocation et une caution, en nous plaçant d'abord au point de vue théorique.

A. — A ce point de vue nous remarquerons que, si la question que nous étudions n'est pas expressément tranchée par la loi, l'article 2170 du Code civil semble bien suggérer à l'interprète l'idée de compléter les règles relatives au tiers détenteur d'un immeuble hypothéqué par les règles relatives à la caution. D'après ce texte, en effet, « le tiers détenteur qui n'est pas personnellement obligé à la dette, peut s'opposer à la vente de l'héritage hypothéqué qui lui a été transmis, s'il est demeuré d'autres immeubles hypothéqués à la même dette dans la possession du principal ou des principaux obligés, et en requérir la discussion préalable selon la forme réglée au titre *Du cautionnement...* ». On le voit, cet article considère le débiteur primitif comme un « principal obligé », et traite le tiers détenteur non personnellement obligé à la dette comme une caution. Il est vrai que ce texte ne saurait être appliqué à l'acquéreur débiteur du bordereau de collocation, en ce sens que ledit acquéreur est personnellement obligé de payer, sur son prix de vente, la dette principale, et, par suite, ne peut invoquer le bénéfice de discussion de l'article 2170. Mais il n'en reste pas moins que, si le Code civil assimile implicitement le tiers détenteur, avant la purge des hypothèques, à une caution, il est assez naturel d'assimiler ce même tiers détenteur, après les notifications et offres à fin de purge, à *une caution qui aurait, conformément à l'article 2021 du Code civil, renoncé au bénéfice de discussion.* Les offres à fin de purge ne constituent-elles pas en effet une véritable renonciation à ce bénéfice ? Et si l'on admet que l'acquéreur sur aliénation volontaire, qui a purgé les hypothèques de l'immeuble acheté, doit être en principe traité comme une caution, cette assimilation ne doit-elle pas être manifestement étendue à l'adjudicataire sur expropriation forcée (de même que l'on considère ce dernier comme tenu des obligations que le Code civil dans l'article 2184 formule seulement à propos de l'acquéreur sur aliénation volontaire) ?

Que si l'argument que nous puisons dans l'article 2170 du Code civil en faveur de notre théorie ne paraît pas suffisamment convaincant, nous croyons pouvoir la justifier pleinement en établissant successivement les deux propositions suivantes :

1° L'acquéreur débiteur du bordereau joue, par rapport au débiteur primitif, le rôle d'une sûreté personnelle ;

2° C'est le cautionnement (et non l'obligation solidaire) qui est le type essentiel des sûretés personnelles, et c'est lui dont la théorie se prête le mieux à être étendue par voie d'analogie aux autres sûretés personnelles, pour trancher les cas non expressément prévus par la loi.

Reprenons chacune de ces deux propositions :

1ʳᵉ Proposition : *L'acquéreur débiteur du bordereau est une sûreté personnelle.*

En effet, en tant que le droit du créancier hypothécaire est reporté de l'immeuble sur le prix, il est manifeste qu'il devient un *droit personnel* (puisque le droit réel a essentiellement pour objet un corps certain). Mais il n'y a pas de raison pour que le droit hypothécaire, dans la mesure où il devient personnel, perde son caractère de sûreté. Quand les parties l'ont fait naître, elles ont entendu créer purement et simplement une sûreté. On ne voit pas en quoi l'ordre public pourrait être lésé par cette volonté commune des parties, ni pourrait demander que, à un moment donné, le droit hypothécaire perdît son caractère initial et en prît un tout autre.

Il nous paraît donc manifeste que, par rapport à la dette primitive, l'acquéreur débiteur du bordereau joue le rôle d'une sûreté personnelle.

2ᵉ Proposition : *C'est le cautionnement (et non l'obligation solidaire) qui est le type essentiel des sûretés personnelles, et dont la théorie se prête le mieux à être étendue par voie d'analogie aux autres sûretés personnelles.*

Sans doute, dans la pratique on se sert souvent de la dette solidaire comme d'une sorte de sûreté personnelle ; mais, suivant l'esprit du Code civil, la solidarité, à la différence du cautionnement, n'a pas pour objet *essentiel et exclusif* de constituer une sûreté. Si elle était essentiellement une sûreté, on ne comprendrait guère qu'il pût y avoir une « solidarité active », pas plus qu'on ne comprend

ce que pourrait être une « sûreté active » ou un « cautionnement actif » (1).

D'autre part, il est à remarquer que, dans la théorie du
cautionnement, on voit toujours la loi distinguer nettement
la dette-sûreté de la dette assurée. Il est par suite assez
aisé d'étendre par analogie les principes du cautionnement
à d'autres sûretés. Au contraire le Code civil semble avoir
considéré comme étant le cas type de la solidarité passive
celui où chaque débiteur est tout à la fois garant des autres
pour une portion de la dette, et garanti par eux pour l'autre
portion (V. art. 1213 et cpr. art. 1216, C. civ.). Il est malaisé
d'étendre par analogie des principes posés surtout en
vue d'une situation aussi complexe, et où la dette-sûreté
et la dette assurée n'ont pas une existence nettement
séparée.

Ainsi l'on a pu voir précédemment que, au cas d'extinction
de la dette primitive ou de la dette de l'acquéreur par
confusion, l'application des règles de la solidarité à notre
matière n'est pas simple, et ne peut s'opérer qu'à l'aide de
raisonnements plus ou moins contestables. Dans d'autres
cas, notamment si la dette primitive est éteinte par
compensation ou annulée, l'application des règles de la
solidarité est simple, mais conduit à des solutions iniques.
(Nous allons avoir occasion de revenir sur ce point en
indiquant les conséquences pratiques de notre théorie).

Il nous paraît donc conforme tout à la fois aux textes
et aux principes généraux du droit d'appliquer en notre
matière par analogie les règles du cautionnement. Nous
allons maintenant passer en revue les conséquences de
notre théorie, et montrer combien elles sont préférables à
celles de la principale thèse adverse (application des règles
de la solidarité).

---

(1) Une sûreté est un droit accessoire qui garantit contre l'insolvabilité
possible d'un débiteur. Or l'adjonction d'autres créanciers ne garantit pas
contre une telle insolvabilité, mais peut simplement donner des facilités de
recouvrement, ce qui est tout autre chose. Donc la solidarité active n'est
pas une sûreté. Donc la solidarité n'est pas *essentiellement et exclusivement*
une sûreté.

B. — Que se passera-t-il d'abord en cas de novation d'une des deux dettes? Si c'est la dette de l'acquéreur qui est éteinte par novation, notre système conduit à dire que le débiteur primitif n'en demeure pas moins obligé; car la novation de la dette de la caution n'éteint nullement la dette principale (argument *a contrario* de l'art. 1281, al. 2, C. civ.). Cette solution nous paraît bien plus juste que celle de la théorie adverse, qui, on l'a vu, admet que l'extinction de l'une des deux dettes par novation entraîne l'extinction de l'autre. Or comment ce fait que, par exemple, l'acquéreur s'est substitué un tiers pour le paiement de sa dette (avec le consentement du créancier) peut-il avoir une influence sur la dette primitive? Comment peut-il, par un contre-coup imprévu, la supprimer?

Sur ce premier point déjà, la théorie que nous critiquons nous paraît pratiquement inacceptable.

Si c'est la dette primitive qui est éteinte par novation, les deux systèmes en présence conduisent au même résultat : l'acquéreur est libéré à l'égard du créancier colloqué. Il suit d'ailleurs des règles particulières à notre matière qu'il n'est pas libéré purement et simplement; mais (ainsi que nous l'avons déjà fait observer plus haut) il devra toujours payer la totalité de son prix d'acquisition, soit aux créanciers postérieurs en rang à celui vis-à-vis duquel il est libéré, soit (à défaut de tels créanciers) à son vendeur.

— Nous ferons des observations analogues au cas d'extinction d'une des deux dettes par suite d'une « remise de dette ». Si une telle remise est consentie à l'acquéreur, notre théorie conduit à dire que le débiteur principal n'est nullement libéré (application par analogie de l'art. 1287, al. 2, C. civ.). Et, au point de vue rationnel, on ne voit pas de motif pour qu'il le soit. Cependant la théorie adverse, on l'a vu, conduit à considérer le débiteur primitif comme libéré par la remise de dette consentie à l'acquéreur, à moins que le créancier n'ait pensé à réserver expressément ses droits.

Si la remise de dette est consentie au débiteur primitif,

les deux théories adverses aboutissent à considérer l'acquéreur comme libéré à l'égard du créancier colloqué, mais,
bien entendu, sous la même réserve qu'au cas de novation
de la dette primitive (il devra toujours payer la totalité de
son prix aux autres créanciers ou au vendeur).

— Au cas d'extinction d'une des deux dettes par compensation, la différence pratique entre les deux systèmes en présence apparaît seulement lorsque c'est la dette primitive
qui se trouve compensée par une créance. Nous admettons
que l'acquéreur peut opposer une telle compensation (application par analogie de l'art. 1294, al. 1, C. civ.). Le système adverse lui refuse au contraire cette faculté, et
nous avons entendu soutenir que cette dernière solution
était plus juste que la nôtre. Le créancier colloqué, nous
disait-on, s'est vu proposer, et même en quelque sorte
imposer un mode de paiement particulier, le paiement par
l'acquéreur ; est-il admissible qu'on vienne ensuite lui
refuser tout à coup de se payer de cette dernière manière,
et qu'on l'oblige à se retourner vers le débiteur primitif
pour recouvrer le montant de sa créance par voie de compensation ? N'est-il pas plus équitable de le faire bénéficier
de la règle de l'article 1294, alinéa 3, du Code civil et de lui
laisser ainsi la liberté de recouvrer le montant de sa créance
de la manière qui lui paraîtra préférable ?

Nous répondrons d'abord que l'article 1294, alinéa 3, n'a
nullement été édicté par le législateur dans l'intérêt du
créancier. La rédaction primitive de l'article 1294 ne com-
prenait pas ce dernier alinéa ; c'est seulement sur l'observation du Tribunat qu'il a été ajouté, et cela uniquement pour
la raison suivante : Il ne faut pas, disait-on, que le débiteur
solidaire, bénéficiaire direct de la compensation, et à qui
le créancier commun n'a pas cru devoir réclamer son paiement, se trouve engagé malgré lui dans un procès « désa-
gréable » sur l'existence de sa prétendue créance[1]. C'est
donc exclusivement l'intérêt de ce codébiteur bénéficiaire

_____

[1] V. sur ce point, Colmet de Santerre et Demante, *Cours analytique
du Code civil*, 2ᵉ éd., t. V, p. 225.

direct de la compensation, qu'a en vue l'article 1294, alinéa 3, et c'est faire un contresens sur ce texte que d'y voir une faveur accordée au créancier d'une dette solidaire, faveur qu'il serait équitable d'accorder aussi par identité de motifs au créancier colloqué dans un règlement définitif.

Au surplus, considérons de quelle manière les choses se passeront dans la pratique ; supposons, par exemple, pour fixer les idées, qu'il y ait eu à distribuer un prix de 20.000 francs; divers créanciers absorbaient les premiers 5.000 francs ; puis venait un créancier C, qui, dans le règlement définitif, a été colloqué pour un total de créances de 15.000 francs ; un troisième groupe de créanciers avait été colloqué dans le règlement provisoire pour 6.000 francs, mais, n'arrivant pas en ordre utile, n'a pas été colloqué dans le règlement définitif. D'autre part, tandis que se poursuivaient les opérations de l'ordre, le créancier C s'est trouvé un jour causer une blessure par imprudence au débiteur primitif de sa créance, que nous appellerons D ; et, peu de temps après la signature du règlement définitif, un jugement passé en force de chose jugée condamnait C à payer à D 15.000 francs de dommages-intérêts à raison de la blessure par imprudence. Le résultat a été naturellement que les créances de D contre C, et de C contre D se sont éteintes immédiatement de plein droit par compensation légale[1]. Donc, malgré la condamnation prononcée contre lui, C n'aura rien à payer, et ne peut être poursuivi par D. Cela posé, que prétendrait-il réclamer de plus ? Lui donnera-t-on encore le droit de poursuivre l'acquéreur en raison de son bordereau de collocation de 15.000 francs ? Mais alors on aboutira à ce résultat inadmissible que le recouvrement d'une créance de 15.000 francs l'aura enrichi de 30.000 francs (15.000 francs qu'il n'a pas à payer à D, et 15.000 francs qu'il recevra de l'acquéreur). Si donc on admet que C, après

_____

[1] Nous ne parlons dans cette discussion que de la compensation *légale*, parce que l'article 1294, alinéa 3, du Code civil, comme tous les articles précédents (depuis l'art. 1289), ne vise que cette espèce de compensation. C'est d'ailleurs seulement dans ce cas de compensation que la théorie que nous critiquons et celle que nous adoptons aboutissent à des solutions différentes.

avoir bénéficié de la compensation qui s'est opérée de plein droit, peut encore poursuivre l'acquéreur, il faudra trouver un biais juridique pour lui faire rendre ces 15.000 francs qu'il touchera en trop. Le plus simple n'est-il pas de l'empêcher de les toucher, en appliquant par analogie, dans notre cas, l'article 1294, alinéa 1, de préférence à l'article 1294, alinéa 3?

Il résulte d'ailleurs des principes de notre matière que les 15.000 francs que l'acquéreur n'aura plus à payer ne resteront pas dans ses mains ; car lorsqu'un créancier colloqué se trouve désintéressé sans avoir à réclamer de paiement à l'adjudicataire, il est admis communément que, sur la collocation devenue ainsi disponible, les premiers créanciers non utilement colloqués conservent, à concurrence de leurs créances colloquées dans le règlement provisoire, leur droit de préférence (1). Et si, comme dans l'espèce que nous avons indiquée, les créanciers non utilement colloqués n'absorbent pas toute la portion du prix devenue disponible, le reliquat fera retour au vendeur.

— Considérons maintenant le cas où l'une des deux dettes dont nous cherchons dans cette étude à déterminer le lien est éteinte par confusion. Nous avons vu tout à l'heure à quel résultat on aboutit en appliquant la théorie de la solidarité (et par conséquent les règles des art. 1209 et 1304, al. 3, C. civ.). Il semble à première vue que la théorie du cautionnement (et par conséquent les règles de l'art. 1301, al. 1 et al. 2) conduise à des résultats tout différents et peut-être moins satisfaisants. Mais ce n'est qu'une apparence, dont on peut être dupe si l'on se borne à raisonner dans l'abstrait, et qui s'évanouit dès qu'on étudie des hypothèses concrètes.

Examinons, en effet, d'abord le cas où la confusion s'est opérée en la personne du débiteur primitif. La théorie de la solidarité conduit à dire que l'acquéreur ne peut, le cas

____

(1) V. par exemple en ce sens, *Rép. Fuzier-Herman*, v° *Hypothèque*, n° 3740, et les autorités qui y sont citées.

échéant, opposer une telle confusion; la théorie du cautionnement lui permet au contraire de l'opposer. Mais nous allons voir que, pratiquement, cette différence n'a pas l'importance qu'on croirait d'abord.

Par exemple, pour fixer les idées, nous supposerons une masse à distribuer de 20.000 francs. Le débiteur primitif (dont l'immeuble vient d'être aliéné au profit de l'acquéreur) avait 26.000 francs de dettes pour lesquelles on a produit à l'ordre. Divers créanciers sont colloqués pour les premiers 5.000 francs. Puis vient le créancier C pour 15.000 francs. Enfin des créanciers chirographaires, colloqués dans le règlement provisoire pour 6.000 francs, n'arrivent pas en ordre utile. — Un peu après le règlement définitif le créancier C hérite du débiteur primitif D et trouve dans sa succession :

1° Un actif mobilier de 12.000 francs;

2° La créance éventuelle du reliquat du prix distribué (créance qui n'existera que s'il y a un reliquat après paiement des créanciers);

3° Le passif de 26.000 francs pour lequel il a été produit à l'ordre.

Dans ces conditions, à quel résultat conduit l'opinion que nous soutenons (application de l'art. 1301, al. 1)? Nous répondons : la créance de 15.000 francs de C s'éteindra par confusion, en réduisant le passif successoral à 11.000 francs. L'acquéreur devra toujours payer les 5.000 francs des premiers créanciers, et, d'autre part, étant libéré conformément à l'article 1301, alinéa 1, du paiement de la créance de 15.000 francs, il devra, par application des principes spéciaux de notre matière, payer sur la somme ainsi devenue disponible 6.000 francs aux créanciers colloqués dans le règlement provisoire et non dans le règlement définitif. Le passif successoral sera ainsi supprimé. Enfin le reliquat du prix de l'immeuble (20 000 fr., moins 5.000 fr. et moins 6.000 fr. = 9.000 fr.) rentrera dans la succession de D (1).

---

(1) Cpr. en ce sens, dans une espèce semblable, le jugement du tribunal de Trévoux du 28 déc. 1897 : « Attendu que le bordereau de collocation procédait en vertu de cette créance (celle du créancier inscrit); qu'il avait

Finalement, toutes dettes éteintes, C touchera l'actif mobilier de la succession de 12.000 francs, et un reliquat de prix de 9.000 francs, soit en tout 21.000 francs.

Supposons maintenant que, au lieu de notre théorie, on admette la théorie adverse (et par conséquent l'application en notre matière des art. 1209 et 1301, al. 3). Quel en sera le résultat? Ce sera le suivant : Malgré l'extinction de sa créance par confusion, C aura le droit d'en réclamer le

été délivré pour permettre aux enfants Bailly d'en opérer le recouvrement; que, les droits de ceux-ci étant paralysés par la confusion, le titre destiné à les faire valoir ne peut être mis à exécution;... Attendu, sans doute, qu'à la faveur de la confusion, l'adjudicataire ne saurait échapper au paiement du prix de son adjudication ; qu'il est possible que, comme héritiers de leur mère, les enfants B... puissent réclamer un reliquat qui, le cas échéant, reviendrait à la succession de la venderesse ; mais que cette action en paiement du prix d'adjudication est distincte de celle en paiement du bordereau de collocation; qu'elle ne procède pas des mêmes causes; que l'une dérive d'une créance appartenant au colloqué contre la partie saisie ou venderesse, l'autre d'une créance appartenant à cette partie contre l'adjudicataire en vertu de la sentence d'adjudication ; que cette dernière action ne peut être poursuivie à l'aide d'un titre éteint, et, par conséquent, sans force légale... ».

C'est sur appel de ce jugement que la Cour de Lyon a rendu, le 11 avr. 1900, l'arrêt que nous avons déjà signalé et qui nous paraît très critiquable, du moins sur le point de droit; nous y lisons en effet : « Considérant que l'adjudicataire est tenu de payer le montant des bordereaux de collocation délivrés contre lui ; que le bordereau constitue réellement un titre exécutoire de la créance, et que l'adjudicataire ne pouvait se refuser au paiement qu'au cas où il se serait libéré de son prix par un dépôt à la Caisse des consignations; Considérant, quant au moyen de droit tiré de la confusion qui se serait opérée entre la créance et la dette, à raison de la qualité de créanciers et de débiteurs des frères B..., que ce moyen n'est nullement fondé ; qu'il repose au surplus sur cette erreur de fait que les frères B... seraient héritiers purs et simples de leur mère; qu'au contraire, il y a eu renonciation à cette succession par acte au greffe...; Considérant dès lors que, soit en fait, soit même en droit, la confusion n'a pas pu s'opérer; qu'elle ne peut être un moyen de libération de l'adjudicataire ; que l'appelant, par le fait même de la production, conserve contre lui une action directe dont il ne peut perdre le bénéfice... ». Il est clair que, s'il y avait eu renonciation au greffe, la confusion n'avait pu s'opérer, et que, par suite, l'arrêt de la Cour de Lyon est bien motivé en fait. Mais sur la question de droit, qui fait l'objet de la présente étude, la Cour de Lyon n'a nullement réfuté le raisonnement juridique du tribunal de Trévoux; elle se borne à affirmer, sans donner aucun motif, que le moyen de droit invoqué par l'adjudicataire (moyen tiré de la confusion) « n'est nullement fondé ». En une matière aussi délicate, nous ne saurions accorder beaucoup de poids à une simple assertion qui ne s'appuie sur aucune raison.

montant à l'acquéreur, ainsi que l'a décidé la Cour de Lyon dans l'arrêt précité (V. la dernière note *in fine*). L'acquéreur paiera donc 5.000 francs aux premiers créanciers colloqués, puis 15.000 francs à *C*. Et il restera un passif successoral de 6.000 francs. Le reliquat du prix se réduira à rien. Ainsi, finalement, *C* touchera sa créance de 15.000 francs, et l'actif mobilier de la succession (12.000 fr.), soit en tout 27.000 francs. Mais, comme héritier, il devra payer 6.000 francs aux créanciers non désintéressés par l'adjudicataire. Il lui restera donc un bénéfice net de 21.000 francs. Nous retrouvons ainsi le chiffre auquel nous faisait aboutir tout à l'heure l'application de notre théorie. La seule différence pratique entre les deux systèmes que nous comparons, c'est que, suivant nous, les créanciers colloqués seulement dans le règlement provisoire seront matériellement payés par l'acquéreur, tandis que, suivant l'opinion adverse, ils seront matériellement payés par le créancier *C*, et concourront, le cas échéant, avec les créanciers de *C*.

Des raisonnements analogues, *mutatis mutandis*, montreraient que les deux systèmes en présence aboutissent toujours à des résultats pratiques semblables, ou ne présentant que des différences insignifiantes dans tous les cas de confusion entre la personne du débiteur primitif et du créancier colloqué (1).

---

(1) Il arrive parfois que l'immeuble a passé par les mains d'un tiers détenteur, qui, sans se rendre compte du danger qu'il courait, a payé directement son prix à son vendeur sans purger les hypothèques. En pareil cas, le raisonnement conduit encore à constater la similitude presque complète des solutions pratiques auxquelles aboutissent les deux systèmes. Reprenons en effet les chiffres donnés au texte, et supposons que l'immeuble dont s'agit ait été une première fois vendu par *D* à un tiers *V*, qui a payé son prix à *D*. Puis *V* a revendu l'immeuble à l'acquéreur définitif, qui purge les hypothèques. En pareil cas, bien entendu, *C* ne trouvera plus dans la succession de *D* d'action en paiement du reliquat du prix. Si néanmoins il n'use pas du bénéfice d'inventaire (qui empêcherait évidemment la confusion), mais accepte cette succession obérée purement et simplement, quel sera le résultat de cette attitude?

Suivant notre opinion, la confusion opérée réduira le passif successoral à 11.000 francs. Les premiers créanciers colloqués toucheront 5.000 francs. *V* aura droit au reste du prix, soit 15.000 francs; de plus il pourra réclamer à *C* les 5.000 francs dont le prix se trouve diminué à son détriment, et qui

— Considérons maintenant le cas où la confusion s'est opérée en la personne de l'acquéreur. La théorie de la solidarité conduit à dire que le débiteur primitif peut s'en prévaloir. Bien que la théorie du cautionnement ne lui reconnaisse pas ce droit, nous allons voir que la différence pratique entre les deux systèmes est à peu près nulle.

Pour fixer les idées, nous supposerons un cas particulier où nous conserverons les mêmes chiffres que précédemment (masse à distribuer égalant 20.000 francs ; un premier groupe de créanciers colloqués pour 5.000 francs ; puis C pour 4.000 francs. Enfin 6.000 francs de créances n'ont pu être colloqués que dans le règlement provisoire). Après le règlement définitif, le créancier C hérite de l'acquéreur. Suivant la théorie que nous adoptons, il a alors le choix entre deux partis ; ou se payer de sa créance sur la succession considérée comme acquéreur, ou (s'il pense que le débiteur primitif D est solvable) invoquer l'article 1301, alinéa 2, pour se faire payer par lui.

Si, en fait, il adopte le premier parti (se faire payer par la succession considérée comme acquéreur), la conséquence pratique sera manifestement la même que si (comme le veut la théorie que nous critiquons) il était obligé d'adopter ce parti. Cette conséquence sera la suivante : C n'agira pas contre le débiteur primitif D. Il paiera les 5.000 francs du premier groupe de créanciers. Puis, appliquant à sa propre

ont servi à payer des créanciers de la succession recueillie par C. Finalement C touchera un actif mobilier de 12.000 francs, mais supportera un passif de 11.000 francs (5.000 francs qu'il doit à V et 6.000 francs qui restent dus aux créanciers chirographaires de la succession).

Suivant l'opinion adverse, C, malgré la confusion opérée, pourra réclamer 15.000 francs à l'acquéreur ; celui-ci paiera aussi 5.000 francs aux premiers créanciers et sera ainsi entièrement libéré. V, ne touchant rien sur le prix, réclamera le montant total de ce prix à la succession de D, qui a été dégrevée ainsi de 20.000 francs de passif. Finalement, C touchera l'actif mobilier de la succession (soit 12.000 francs), et sa créance de 15.000 francs, soit en tout 27.000 francs ; mais là-dessus il devra payer une indemnité de 20.000 francs à V, et un passif successoral chirographaire de 6.000 francs. Il lui restera donc un bénéfice net de 1.000 francs.

On voit donc que, dans ce cas encore, les deux opinions adverses aboutissent à des résultats pratiques à peu prés semblables, et également admissibles.

créance le reliquat de la masse à distribuer, il s'estimera entièrement payé de la dette de l'acquéreur. Finalement, d'un côté il acquerra l'immeuble ; de l'autre il paiera en tout 5.000 francs. Quant au troisième groupe de créanciers, ceux-ci conserveront leur droit au paiement de 6.000 francs contre le débiteur distribué.

Si maintenant C préfère se servir de son action contre D (comme la théorie que nous défendons lui en donne le droit), la conséquence pratique sera la suivante : il réclamera à D 15.000 francs ; mais la succession considérée comme acquéreur sera alors libérée de cette dette ; elle devra donc payer : 1° les 5.000 francs du premier groupe de créanciers ; 2° les 6.000 francs du troisième groupe de créanciers ; 3° le reliquat du prix, soit 9.000 francs au vendeur, c'est-à-dire à D ; et ces 9.000 francs se compenseront jusqu'à due concurrence avec la dette primitive de D, qui sera ainsi réduite à 6.000 francs. Finalement C acquerra l'immeuble ; il paiera les 5.000 francs des premiers créanciers colloqués. Enfin il recevra de D 6.000 francs, qu'il devra d'autre part au troisième groupe de créanciers.

La situation sera donc la même que tout à l'heure, si D est solvable. Or c'est seulement dans ce cas, naturellement, que C songera à se prévaloir par analogie de l'article 1301, alinéa 2, et adoptera le second parti.

En résumé, quand la dette primitive, ou la dette de l'acquéreur est éteinte par confusion, les deux systèmes en présence conduisent à des solutions pratiquement fort analogues, et également admissibles.

— Considérons maintenant le cas où l'une de ces deux dettes est éteinte par prescription.

Continuant à appliquer en notre matière les principes du cautionnement, nous estimons que les poursuites exercées contre l'acquéreur n'interrompent pas la prescription qui, depuis la clôture de l'ordre, a commencé à courir au profit du débiteur primitif (cette solution se déduit *a contrario* de l'art. 2250, C. civ.). Nous avons vu que le système par nous critiqué conduit à une solution opposée. — Si les poursuites ont été exercées contre le débiteur primitif, les deux systèmes adverses conduisent à dire que la prescription est également interrompue à l'égard de l'acquéreur.

— Considérons enfin le cas où la dette primitive est annulée.

Nous avons montré, en exposant le système qui applique les règles de la solidarité, comment cette hypothèse peut se réaliser dans la pratique; et l'on a pu voir aussi combien la solution à laquelle conduit ce système est regrettable au point de vue de l'équité; si l'engagement du débiteur primitif est entaché d'un vice du consentement qui a cessé d'exister seulement après la clôture de l'ordre, et qui a fait annuler cet engagement, l'acquéreur se trouve néanmoins obligé de payer la dette peut-être considérable que le tribunal vient de déclarer nulle; et comme il sera, jusqu'à concurrence de cette somme, libéré de son prix envers le débiteur primitif, vendeur de l'immeuble, c'est sur ce dernier que retombera définitivement tout le poids de la dette que le tribunal a cependant déclarée nulle.

Combien ne préférons-nous pas appliquer ici par analogie l'article 2012, alinéa 1 du Code civil, et par exemple, en cas d'erreur viciant le consentement (1), dire : le jour où la

(1) Comme nous l'avons déjà indiqué brièvement en exposant le système adverse, il ne nous paraît pas douteux que, si un engagement était vicié par une erreur encore inaperçue du débiteur au moment de la clôture de l'ordre, et si le règlement définitif contenait une collocation à raison de cet engagement, ledit engagement ne deviendrait pas pour cela valable : il est bien certain que le juge-commissaire n'a pas entendu, dans le règlement définitif, nier l'existence de ce vice du consentement que ni lui, ni le débiteur, ni même peut-être le créancier ne soupçonnaient. Les décisions judiciaires doivent, comme les contrats, être interprétées de bonne foi, et non pas d'une manière susceptible de surprendre tout le monde, y compris le juge qui les a rendues. D'autre part, dans l'espèce que nous envisageons, on ne peut considérer l'absence de contredit de la part du débiteur comme un acquiescement tacite valable; un tel acquiescement, en effet, serait lui-même nul, par application des articles 1109 et 1110 du Code civil; car il se rapporterait à la déclaration de validité d'une dette que le débiteur croyait valable alors que cette dette était nulle; il y aurait donc une erreur sur la substance (Cpr. l'art. 1304, C. civ., qui ne fait courir la prescription de l'action en nullité que lorsque l'erreur a été découverte, parce que le fait de laisser courir la prescription équivaut à une ratification tacite, qui ne

dette primitive est annulée, la dette de l'acquéreur qui la cautionne s'éteint par là même jusqu'à due concurrence; et la portion du prix devenue disponible aura le même sort que si la dette primitive avait été éteinte, après le règlement, par un paiement. Cette solution, à laquelle nous mène l'application des règles du cautionnement, est manifestement celle que demande l'équité.

Remarquons au surplus que, d'après une jurisprudence constante déjà signalée, le bordereau de collocation ne constitue qu'une « indication de paiement ». Or comment l'indication de paiement d'une dette qui ne vaut rien pourrait-elle valoir quelque chose?

Dans l'exemple que nous venons d'étudier, il s'agissait d'une dette nulle par suite d'un vice du consentement, erreur que le débiteur a découverte seulement après la clôture de l'ordre. Nous donnerions bien entendu la même solution si le vice du consentement avait cessé d'exister même avant la clôture de l'ordre, mais seulement après l'expiration du délai pour contredire.

Au contraire, si le débiteur primitif avait connu son erreur avant l'expiration de ce délai et n'avait cependant pas formé de contredit, il y aurait là de sa part acquiescement tacite à ce que sa dette fût payée dans la mesure fixée par le règlement définitif. Par exemple, si la dette était de 10.000 francs, et si le créancier est colloqué définitivement pour 6.000 francs, l'adjudicataire devra payer ces 6.000 francs. Est-ce à dire que le débiteur aura entièrement perdu le droit de contester la validité de sa dette? Non certes; car il n'a acquiescé au paiement de sa dette que dans la mesure où l'ordonnerait le règlement définitif. Il pourra donc, même après l'ordonnance de clôture, faire juger que son engagement était affecté d'un vice du consentement. Mais le seul effet d'un tel jugement sera de le libérer du paiement de 4.000 francs auquel il n'a pas acquiescé [1].

serait pas valable si on ne connaissait pas le vice de l'acte qu'on ratifie). Il nous paraît donc manifeste, dans notre cas, que la dette primitive n'est pas devenue valable par l'effet du règlement définitif ni du bordereau de collocation.

[1] Ainsi il a été décidé que le règlement définitif d'un ordre n'a l'autorité

Si la dette était nulle, non par suite d'un vice du consentement, mais parce qu'elle serait contraire à la morale ou à l'ordre public, que faudrait-il décider ?

A notre avis, si un tel moyen de nullité a été soulevé devant le juge-commissaire, ou (en cas de contredit) devant le tribunal, il y aura manifestement sur ce point chose jugée. Mais si le moyen dont s'agit n'a pas été soulevé, peut-on considérer le silence du débiteur comme un acquiescement valable ? Il nous paraît manifeste que non, puisque l'acquiescement n'est pas possible dans les matières qui touchent à l'ordre public ou à la morale. Donc, en pareil cas, suivant nous, le débiteur primitif pourra toujours, même après la clôture de l'ordre, faire prononcer la nullité de sa dette ; et l'adjudicataire se trouvera par cela même libéré à l'égard du créancier colloqué, et devra payer son prix jusqu'à due concurrence aux créanciers postérieurs en rang, ou, à défaut de tels créanciers, au vendeur (1).

de la chose jugée au profit des créanciers que sur les points qui ont été réellement soumis à l'appréciation de la justice ; qu'en conséquence, lorsque des créanciers colloqués dans l'ordre, mais auxquels, en raison de l'insuffisance de la somme à distribuer, il n'a été délivré bordereau que pour une somme inférieure à leur collocation, poursuivent le débiteur pour le surplus, ce débiteur, qui n'a pas formulé de contredit, bien qu'il ne soit pas recevable à critiquer le paiement de tout ou partie des sommes distribuées dans l'ordre, conserve néanmoins le droit de critiquer, dans une instance nouvelle, les titres en vertu desquels les créanciers avaient été colloqués. V. Agen, 18 déc. 1889, D. 91.2.48.

(1) Pour se rendre compte de l'effet d'un acquiescement à une décision judiciaire qui admet la validité d'une dette contraire à l'ordre public, sans que le juge ait entendu examiner la validité de la dette à ce point de vue particulier, on peut considérer l'espèce suivante : « Une partie assigne en paiement d'un billet et obtient condamnation. L'autre partie, qui s'était laissé condamner par défaut, acquiesce. Mais plus tard, quand on la somme de payer en vertu du jugement rendu, elle forme opposition et vient devant le tribunal soutenir que l'obligation qu'elle a contractée est nulle comme entachée d'usure ; que, par suite, l'acquiescement qu'on lui oppose est nul, comme intervenue en une matière qui ne comporte pas d'acquiescement utile. Si le juge reconnaît le caractère usuraire de cette obligation, c'est à bon droit qu'il déclare l'acquiescement nul et non avenu » (Cass., 7 avr. 1824 ; Paris, 20 févr. 1856. D. 56.2.78. *Répert. Fuzier-Herman*, v° *Acquiescement*, n° 90). Il est évident qu'un règlement définitif non précédé de contredit ne peut avoir une autorité plus grande qu'un jugement par défaut auquel la partie défaillante a acquiescé.

CONCLUSION

En résumé, il est tout d'abord certain que, après le règlement définitif d'un ordre, il subsiste un certain lien entre la dette primitive qui a donné lieu à la collocation d'un créancier et la dette de l'acquéreur envers ce créancier. Il est certain en effet que le paiement de l'une de ces deux dettes éteint l'autre jusqu'à due concurrence. Il faut donc préciser à l'aide d'une analogie la nature du lien existant entre les deux dettes en question. Est-ce une sorte de lien de solidarité? Nous ne le croyons pas. Le Code civil nous paraît avoir considéré l'acquéreur définitif d'un immeuble hypothéqué comme jouant à peu près le rôle d'une caution, obligée seulement jusqu'à concurrence de son prix, mais (dans ces limites-là) obligée personnellement au paiement de la dette principale (d'où l'impossibilité d'invoquer le bénéfice de discussion : art. 2170, C. civ.). Ce système aboutit dans certains cas aux mêmes conséquences pratiques que le système reposant sur l'idée de solidarité (par exemple si la dette primitive est éteinte par novation, remise de dette, etc.) ; dans d'autres cas les conséquences des deux systèmes sont assez analogues et également admissibles (notamment dans les divers cas d'extinction d'une des deux dettes par confusion) ; enfin, dans nombre de cas, le système fondé sur une idée de cautionnement aboutit à des solutions sensiblement plus équitables, notamment si la dette de l'acquéreur est éteinte par novation, remise de dette, etc., ou si la dette primitive est éteinte par compensation ou annulée. Il n'y a en effet pas de raison pour que l'extinction de la dette de l'acquéreur sans paiement entraîne jamais celle de la dette primitive qui se suffit à elle-même. Au contraire on conçoit malaisément que la dette de l'acquéreur (dont la raison d'être est essentiellement d'assurer le paiement de la dette primitive) puisse survivre à la dette primitive. Après l'extinction de celle-ci, il ne doit subsister contre l'acquéreur qu'une action en paiement du prix, laquelle appartient au vendeur, et non à ceux qui ont cessé d'être ses créanciers. Des raisons pratiques s'ajoutent ainsi aux autres pour nous faire appliquer en notre matière, par analogie, la théorie du cautionnement [1].

G. DEREUX.

[1] Observation générale : Même dans les cas où nous avons admis que, par suite de l'extinction de la créance primitive, l'acquéreur est libéré à l'égard du créancier colloqué (et doit son paiement, par suite, aux créanciers postérieurs ou au vendeur), il est manifeste que, s'il a payé de bonne foi le créancier dont s'agit sur le vu du bordereau de collocation, ce paiement est libératoire à son égard. Cette solution découle de l'application que fait la jurisprudence, par analogie, de l'article 548 du Code de procédure civile au paiement des bordereaux de collocation, et de l'article 1240 du Code civil : « Le paiement fait de bonne foi à celui qui est en possession de la créance, est valable, encore que le possesseur en soit par la suite évincé ».